国家出版基金项目
NATIONAL PUBLICATION FOUNDATION

记住乡愁
——留给孩子们的中国民俗文化

刘魁立◎主编

传统节日辑（二）

藏族雪顿节

林继富◎编著

本辑主编 林继富

北 黑龙江少年儿童出版社

序

　　亲爱的小读者们，身为中国人，你们了解中华民族的民俗文化吗？如果有所了解的话，你们又了解多少呢？

　　或许，你们认为熟知那些过去的事情是大人们的事，我们小孩儿不容易弄懂，也没必要弄懂那些事情。

　　其实，传统民俗文化的内涵极为丰富，它既不神秘也不深奥，与每个人的关系十分密切，它随时随地围绕在我们身边，贯穿于整个人生的每一天。

　　中华民族有很多传统节日，每逢节日都有一些传统民俗文化活动，比如端午节吃粽子，听大人们讲屈原为国为民愤投汨罗江的故事；八月中秋望着圆圆的明月，遐想嫦娥奔月、吴刚伐桂的传说，等等。

　　我国是一个统一的多民族国家，有 56 个民族，每个民族都有丰富多彩的文化和风俗习惯，这些不同民族的民俗文化共同构筑了中国民俗文化。或许你们听说过藏族长篇史诗《格萨尔王传》

中格萨尔王的英雄气概、蒙古族智慧的化身——巴拉根仓的机智与诙谐、维吾尔族世界闻名的智者——阿凡提的睿智与幽默、壮族歌仙刘三姐的聪慧机敏与歌如泉涌……如果这些你们都有所了解，那就说明你们已经走进了中华民族传统民俗文化的王国。

你们也许看过京剧、木偶戏、皮影戏，看过踩高跷、耍龙灯，欣赏过威风锣鼓，这些都是我们中华民族为世界贡献的艺术珍品。你们或许也欣赏过中国古琴演奏，那是中华文化中的瑰宝。1977年9月5日美国发射的"旅行者1号"探测器上所载的向外太空传达人类声音的金光盘上面，就录制了我国古琴大师管平湖演奏的中国古琴名曲——《流水》。

北京天安门东西两侧设有太庙和社稷坛，那是旧时皇帝举行仪式祭祀祖先和祭祀谷神及土地的地方。另外，在北京城的南北东西四个方位建有天坛、地坛、日坛和月坛，这些地方曾经是皇帝率领百官祭拜天、地、日、月的神圣场所。这些仪式活动说明，我们中国人自古就认为自己是自然的组成部分，因而崇信自然、融入自然，与自然和谐相处。

如今民间仍保存的奉祀关公和妈祖的习俗，则体现了中国人崇尚仁义礼智信、进行自我道德教育的意愿，表达了祈望平安顺达和扶危救困的诉求。

小读者们，你们养过蚕宝宝吗？原产于中国的蚕，真称得上伟大的小生物。蚕宝宝的一生从芝麻粒儿大小的蚕卵算起，中间经历蚁蚕、蚕宝宝、结茧吐丝等过程，到破茧成蛾结束，总共四十余天，却能为我们贡献约一千米长的蚕丝。我国历史悠久的养蚕、丝绸织绣技术自西汉"丝绸之路"诞生那天起就成为东方文明的传播者和象征，为促进人类文明的发展做出了不可磨灭的贡献！

小读者们，你们到过烧造瓷器的窑口，见过工匠师傅们拉坯、上釉、烧窑吗？中国是瓷器的故乡，我们的陶瓷技艺同样为人类文明的发展做出了巨大贡献！中国的英文国名"China"，就是由英文"china"（瓷器）一词转义而来的。

中国的历法、二十四节气、珠算、中医知识体系，都是中华民族传统文化宝库中的珍品。

让我们深感骄傲的中国传统民俗文化博大精深、丰富多彩，课本中的内容是难以囊括的。每向这个领域多迈进一步，你们对历史的认知、对人生的感悟、对生活的热爱与奋斗就会更进一分。

作为中国人，无论你身在何处，那与生俱来的充满民族文化DNA的血液将伴随你的一生，乡音难改，乡情难忘，乡愁恒久。这是你的根，这是你的魂，这种民族文化的传统体现在你身上，是你身份的标识，也是我们作为中国人彼此认同的依据，它作为一种凝聚的力量，把我们整个中华民族大家庭紧紧地联系在一起。

《记住乡愁——留给孩子们的中国民俗文化》丛书，为小读者们全面介绍了传统民俗文化的丰富内容：包括民间史诗传说故事、传统民间节日、民间信仰、礼仪习俗、民间游戏、中国古代建筑技艺、民间手工艺……

各辑的主编、各册的作者，都是相关领域的专家。他们以适合儿童的文笔，选配大量图片，简约精当地介绍每一个专题，希望小读者们读来兴趣盎然、收获颇丰。

在你们阅读的过程中，也许你们的长辈会向你们说起他们曾经的往事，讲讲他们的"乡愁"。那时，你们也许会觉得生活充满了意趣。希望这套丛书能使你们更加珍爱中国的传统民俗文化，让你们为生为中国人而自豪，长大后为中华民族的伟大复兴做出自己的贡献！

亲爱的小读者们，祝你们健康快乐！

二〇一七年十二月

含义及来历

| 雪顿节的含义 |

雪顿节是藏族的传统节日，2006 年 5 月，雪顿节经国务院批准被列入第一批国家级非物质文化遗产名录。

雪顿节中的"雪顿"，原本是藏族宗教仪式或特殊事件的饮食活动，意为"吃酸奶"。"雪"翻译成汉语是"酸奶"的意思，"顿"的含义为"宴""吃"，"雪顿节"合起来就是"吃酸奶"的节日。

藏族的酸奶以牦牛奶为原料。牦牛是青藏高原特有的动物，藏族人生活离不开牦牛，牦牛的毛可以纺线织毡，牦牛的肉可以吃，牦牛的奶是藏族日常生活饮品。

藏族人在长期的生活实践中，将食用的牦牛酸奶分

| 牦牛 |

3

| 牦牛酸奶 |

为两种：一种是奶酪，藏语叫"达雪"，这是用提炼过酥油的牦牛奶制作的；另一种是没提炼过酥油的牦牛奶制作的，藏语称"俄雪"。

藏传佛教是由从印度、汉地传入的佛教与藏族民众信仰的原始宗教本教结合形成的，称为藏传佛教。藏传佛教有严格的修行制度，其中就有"夏令安居修习"的习惯，就是在藏历的四月至六月，喇嘛要在寺院闭门修行。藏历六月三十日之后，闭门修行的喇嘛才能走出寺院。生活在附近的俗众，或者自己的亲人都来寺院敬奉牦牛酸奶，喇嘛可以和家人在一起团聚，寺院里的喇嘛这时和家人或附近俗众要一起吃酸奶，从这个意义上说，雪顿节最早是一个宗教性的节日。

| 雪顿节的来历 |

关于雪顿节来历的传说很多，但大都是片段式的，就是这些片段式的传说，也包含了雪顿节起源的某些事实。

传说一

拉萨哲蚌寺背面的山洼里住着一个恶魔。此恶魔一年中除藏历六月三十日这天之外，其他时间都在昏睡。藏历六月三十日恶魔醒过来的时候，正好是寺院喇嘛"夏令安居修习"结束的日子，恶魔趁机会吃掉生灵。为了使众生免遭此劫，哲蚌寺的喇嘛这天要在酸奶中掺血设宴。恶魔看见信奉佛教的喇嘛开戒吃荤，认为离佛教灭亡的日子不远了，又放心地睡去。从而使许多无辜的生灵幸免劫难。

传说二

阿底峡大师加持"雪顿"（奶酪宴会）。藏传佛教规定在"夏令安居修习"期间，僧人要闭关静静修炼。这时牧草茂盛，牛羊长膘，俗众将牦牛奶制成奶酪，供奉那些长期静修的僧人。

11世纪中叶，阿底峡大师从印度来到西藏传播佛法，晚年定居在拉萨西南20千米的聂当寺，直到终老。他很爱吃奶酪，"夏令安居修习"期间，住在寺院附近的民众给他送来奶酪，阿底峡大师为他们做了加持：凡献奶酪的人家牲畜不会得传染病，野兽也不会去吃。阿底峡大师的加持在群众中传开，献奶酪的人越来越多。

传说三

17世纪中叶，五世达赖喇嘛时期，倡导藏历六月底七月初喇嘛开禁，出寺下山后，世俗群众要给他们施舍奶酪。这时正是牛羊膘肥体壮、出酥油奶酪最盛的季节，寺院就给僧徒们招待"雄则"，即奶酪白糖米饭，举行野宴游乐，称为"亚乃嘎意"。

这时候会有很多信徒涌进寺院，给五世达赖喇嘛和哲蚌寺的喇嘛献奶酪，请求达赖喇嘛摸顶赐福，祈求长寿、丰收。附近的藏戏班子和野牛舞演出队来哲蚌寺演出。从此，便形成了固定的节日，称为"雪顿节"。

18世纪中叶，七世达赖喇嘛时期，西藏建立了噶厦政权（西藏地方政府）。从此，每年的雪顿节在新建立的罗布林卡里举行，西藏各地藏戏班子演五六天藏戏。

八世达赖喇嘛时期，罗布林卡进行了扩建，在罗布林卡的东大门建起一个两层的观戏楼阁，专供雪顿节期间达赖喇嘛观看藏戏演出。

20世纪上半叶，十三世达赖喇嘛时期，每年雪顿节期间，活跃在西藏不同地区的藏戏班子，以各自不同剧种流派、风格的藏戏参加雪顿节演出。

诞生及发展

|雪顿节的诞生|

15世纪初叶，格鲁派创始人宗喀巴大师为了整顿佛教，对其教派仪轨作以调整，规定僧尼严以戒律，尤其在夏季时必须集中在寺内研习佛法，闭关修炼，至藏历六月底七月初夏令安居结束，才可以出寺活动，寺院供以僧众酸奶、白糖米饭，并允许喇嘛与俗众在园林中歌舞玩乐。

雪顿节的诞生、发展与藏族节日发展有密切关系，据不完全统计，仅拉萨每年大的宗教节日和带有浓厚宗教色彩的传统节日就有三十多个。如藏历新年期间的传召大法会，藏历二月的小召

|传召法会|

|望果节|

|燃灯节|

|达玛节|

| 桑耶寺 |

法会，四月的萨嘎达瓦节，六月开始的雪顿节，八月的洽秀节、望果节，十月的燃灯节等。其他地区的宗教节日有江孜的达玛节、扎什伦布寺的西莫钦波节、定日的雪嘎庙会等。在庙会和宗教节日期间，附近藏戏班都要去演出，特别是那些以流浪卖艺为生的戏班都有到各地演出的计划，并获得当地主管头人或高僧的"恩准"。藏戏艺人在庙会上演出都能获得较丰厚的赏赐和捐赠。节日期间，藏戏演出不仅活跃了节日气氛，而且丰富了节日内容。

藏戏演出集中在每年藏历七八月份，并形成了极富特色的藏戏和节日习俗。关于藏戏的产生有两种说法。一是为修建桑耶寺，印度莲花生大师将西藏舞蹈与佛教哲学相结合而创立；二是汤东杰布为修桥募捐，组织七个女青年演出，从而创立了藏戏。藏戏的产生是否如传说中所讲，已不得而知，但是藏戏是在吸收藏族民间文化基础上诞生的，为了适应当时藏族群众的审美取向和娱乐需求，将民间说唱和民间舞蹈结合起来，由此形成了亦歌亦舞的艺术种类。

藏戏进入雪顿节之后，得到了较大发展，雪顿节因为藏戏的融入而丰富多彩。

展佛是藏传佛教寺院的重要活动，也是雪顿节中

| 哲蚌寺 |

| 展佛 |

不可或缺的重要活动。在藏传佛教著名寺院，每年都会在节日期间将佛像抬出来供信众膜拜，并且太阳光线的辐射可以起到保护佛像的作用。哲蚌寺展佛为格鲁派宗教活动，也是寺院活动，因此，雪顿节期间哲蚌寺展佛与藏传佛教寺院展佛仪式有紧密关系。

吃酸奶是藏族最常见的饮食习惯，这是长期游牧生活养成的习惯中的一种。不仅普通的藏族民众喜欢吃，寺院的喇嘛也喜欢吃。至于藏族何时形成吃酸奶的习惯就不得而知了。

雪顿节的产生和发展，藏传佛教大师起了重要的推动作用，尤其是那些热爱藏戏艺术的高僧大德比如清初五世达赖喇嘛阿旺罗桑嘉措曾率三千多人的代表团到北京觐见顺治皇帝，他在北京期间，多次观摩戏曲、歌舞、杂技等表演，回到拉萨后，五世达赖喇嘛大力扶持藏戏艺术，使藏戏获得很大发展。后来历世的西藏上层僧俗领袖也都大力提倡和扶持藏戏这种人们喜闻乐见的娱乐活动。

雪顿节就是在上述历史文化活动及其习俗基础上诞生的，它充分体现了藏族人非凡的智慧和创造力。

| 雪顿节的发展 |

从早期来看，雪顿节是小规模局部性的喇嘛吃酸奶活动，主要发生在藏传佛教寺庙和寺庙周边俗众生活中间。每年藏历六月三十日，哲蚌寺要举行盛大的晒佛仪式。这天清晨，寺院的众多青壮年喇嘛把寺内几十丈长的大型锦绣唐卡佛像抬至展佛台，徐徐展开。这时，法号齐鸣，数万男女信众将哈达投向展台，拥到佛像前观瞻膜拜。每年举行这样盛大的展佛活动，给早期的雪顿节涂上了浓厚的宗教色彩。

近年随着俗众的不断参

| 罗布林卡 |

与，雪顿节期间的习俗被越来越多的人接受，逐渐显现出雪顿节活动中俗众的力量。

雪顿节作为宗教活动沿袭至五世达赖喇嘛时期，民间藏戏班子在雪顿节期间被请进拉萨哲蚌寺为达赖喇嘛和寺内僧众助兴演出。随着吃酸奶、演藏戏活动影响的扩大，逐渐形成了"哲蚌雪顿"。

从18世纪中叶开始，每年的雪顿节期间，噶厦（西藏地方政府）邀请西藏各地藏戏班子到新建的达赖喇嘛的夏宫罗布林卡演出。雪顿节的藏戏演出场地也由哲蚌寺搬到了罗布林卡。但是，第一场藏戏演出仍然在哲蚌寺。

早期雪顿节藏戏演出主要供西藏上层僧侣集团和达官贵人观看。18世纪中后叶，雪顿节开始允许拉萨市民参与，"雪顿"才变成了藏族广大民众的节日。

西藏民主改革后，在人民政府的支持帮助下，通过西藏广大僧俗民众的积极参与，已形成了以哲蚌寺展佛、罗布林卡演出藏戏为主的雪顿节活动内容。近年随着旅游事业的发展，海内外旅游者都赶来竞相参加，许多大型经贸交流和文化活动也在节日期间举行，如今雪顿节已成为西藏最隆重、最具影响力的民族节日盛会。

组织及内容

| 雪顿节的活动组织 |

雪顿节诞生之初，属于寺院内部的生活习惯，是僧人们在严格的寺院生活中的放假制度。后来为了方便寺院开始实施组织化的管理。从目前掌握的有关雪顿节发展的情况来看，雪顿节组织主要分为以下阶段：

第一个阶段：雪顿节诞生之初，以哲蚌寺为主的格鲁派寺院在"夏令安居修习"后，寺院让喇嘛放假外出休息。雪顿节组织结构是围绕寺院来进行。

第二个阶段：藏戏引入寺院，这个时期应该在五世达赖喇嘛住锡哲蚌寺开始。此时雪顿节还局限在寺院。这个阶段雪顿节有严密的组织系统，有专门班子负责雪

| 布达拉宫 |

顿节期间的所有事务。

第三个阶段：随着达赖喇嘛的行宫从哲蚌寺迁到布达拉宫，每年雪顿节期间，达赖喇嘛都会到罗布林卡看藏戏，这个时候参加的藏戏

开幕式

团比在哲蚌寺要多一些，参加的人员除了达赖喇嘛及僧人以外，还有很多官员。因此，雪顿节的组织规模更大，审查进入罗布林卡演出的藏戏团和人员更为严格。

第四个阶段：西藏民主改革以后，雪顿节仍然在罗布林卡内举行，人们都可以进入罗布林卡看藏戏。雪顿节是喇嘛和俗众同乐的节日。

第五个阶段：1986年雪顿节第一次正式恢复，规模空前。雪顿节期间的演出除了藏戏，还有其他文艺节目和商业活动。西藏自治区人民政府开始介入雪顿节活动。

第六个阶段：20世纪90年代至今。雪顿节由拉萨市政府主办，开始依托雪顿节的影响力，招商引资。从此以后，雪顿节就有两个开幕式：哲蚌寺的传统雪顿节开幕式；拉萨市由政府操持的雪顿节开幕式，一般是在布达拉宫广场进行，政府有严密的组织安排。

雪顿节的基本内容

在西藏民主改革以前，雪顿节主要发展过程和节日内容的具体明确：

每年藏历六月底和七月初，各地藏戏团在哲蚌寺会演。

觉木隆

藏历七月初一至初四，各地藏戏团在罗布林卡演出传统藏戏节目。

江嘎尔

藏历初五至初六、初七日则到拉萨各大贵族家中演出。

藏历七月，人们常以酸奶招待客人和喇嘛。

希荣仲孜

五世达赖喇嘛阿旺罗桑嘉措时期，雪顿节作为哲蚌寺正式的寺院活动固定下来，雪顿节期间，哲蚌寺邀请了不少的民间藏戏团到寺院演出。

从七世达赖喇嘛格桑嘉措开始，雪顿节移到了罗布林卡内进行。达赖喇嘛邀请各地

| 工布卓巴 |

藏戏来拉萨表演，藏戏班子比原来多，时间变成了五六天。

为了规范雪顿节期间的活动，协调各类关系，西藏地方政府专门设置了管理雪顿节的官员，即负责布达拉宫内务的"孜恰勒空"，专门管理一年一度的雪顿节。

十三世达赖喇嘛时期，雪顿节的藏戏演出形成了一定的规模，藏戏演出班子基本固定，这些藏戏班子为四大蓝面具藏戏团体：拉萨的觉木隆、仁布的江嘎尔、昂仁的迥巴和南木林的香巴；六个白面具藏戏团体：雅砻的扎西雪巴，穷结的宾顿巴、若捏嘎，尼木的塔荣、伦珠岗，堆龙的朗则娃。还有两个带有戏剧性质的民间艺术团体在雪顿节期间进行表演，他们一是希荣仲孜，即曲水的希荣地方牦牛舞团体；二是工布卓巴，即工布地方的单人鼓舞。

十二个表演团队来自西藏不同地区。不同风格的藏戏演出队在雪顿节上的表演，有利于藏戏艺术的交流和发展。藏戏演出队能在雪顿节期间来拉萨演出是一种特别的荣耀；同时，藏戏演出又是他们对达赖喇嘛应尽的义务，是他们履行的戏差。

仪式及戏团

| 雪顿节的仪式 |

纵览雪顿节的仪式过程，主要由以下阶段组成：

选择戏班：选择参加雪顿节的藏戏班子的活动在藏历五月底或六月初就开始了，选择藏戏班子注重两个方面：

一是各地被西藏地方政府指定的藏戏班子。这些藏戏班子由当地贵族或寺院高僧扶持，雪顿节前期通知这些藏戏团做好雪顿节期间节目的排练和服装、面具、道具等"行头"的修补制作工作；

二是根据情况选择一些新的藏戏班子或民间艺术班子参与雪顿节的演出。这类班子一般根据当年达赖喇嘛和西藏地方政府的需要，根据西藏民间艺术表演团的基本情况选定。

藏戏团报到：选定的藏戏班子在当地排演好节目，于藏历六月十五日前后前往拉萨参加雪顿节。

朝拜圣迹：藏戏班子到拉萨以后，在藏历六月二十九日至七月一日举行"谐泼"，朝拜布达拉宫、罗布林卡和哲蚌寺，向达赖喇嘛致意。

开场仪式：藏戏班子到了布达拉宫，在左右相对的两个大门口演出"谐泼"，这是雪顿节藏戏表演的传统开场仪式。开场仪式第一个演出的藏戏班子是宾顿巴。相传宾顿巴是汤东杰布创建的第一个戏班，该戏班是五世达赖喇嘛家乡琼结的戏班子。最后一个演出的是蓝面具觉木隆，相传该剧团原本在第二个出场，因为该剧团的藏戏演得好，达赖喇嘛喜欢，观众也喜欢，于是，将该剧团调整为最后的压轴演出。

哲蚌雪顿：哲蚌雪顿在藏历六月三十日举行，这是雪顿节的传统，也是雪顿节的核心内容。主要仪式是大佛在更乌培孜山上展出。

十二支藏戏队依次在大佛像前演出一段藏戏，然后到哲蚌寺噶丹颇章院子里，举行"哲蚌雪顿"演出，演出时间为一天。每个藏戏对

| 更乌培孜山 |

演出的剧目基本固定，六个白面具藏戏团演《诺桑法王》片断。觉木隆常常轮流演出《卓娃桑姆》《苏吉尼玛》《白玛文巴》片断。江嘎尔演《诺桑法王》片断，香巴藏戏队则轮流演出《文成公主》和《赤美更登》片断。

招待藏戏队：藏历六月三十日中午休息，哲蚌寺要招待藏戏演员们吃酸奶和白糖米饭。当天晚上，各藏戏队住在哲蚌寺下面的康村里。康村里的喇嘛也要招待藏戏队。

开幕仪式：藏历七月一日各藏戏队到罗布林卡规定的地方朝拜，演出"谐泼"仪式。

藏戏演出：藏历七月二日到七月六日是雪顿节的中心活动，是藏戏演出的集中时段。藏历七月二日的演出主要由四大蓝面具流派的戏班轮流作献演。从藏历七月三日至七月六日，主要由迥巴、江嘎尔、香巴、觉木隆这后期新派蓝面具藏戏团轮流演出，演出自己擅长的、也是被规定的传统剧目的整本戏，其中迥巴演《顿月顿珠》，江嘎尔演《诺桑法王》，香巴演《文成公主》或《赤美更登》，觉木隆演《卓娃桑姆》或《苏吉尼玛》或《白玛文巴》。演出结束后，达赖喇嘛和西藏地方政府当场给藏戏团赏赐。

结束仪式：雪顿节期间的藏戏演出结束仪式是藏历七月七日，主要是扎西雪巴在罗布林卡露天戏台上举行一天的演出活动。演一段《诺桑法王》片断，表演白面具开场仪式"甲鲁温巴"和"扎西"结束仪式。

罗布林卡藏戏演出结束以后，从藏历七月八日至十五日，各藏戏团纷纷去拉萨城区演出，叫"拉萨雪顿"。拉萨市的演出，一般都是各机关、寺庙、官员和贵族家请自己喜欢的藏戏团演出。

各地藏戏团回到家乡，为家乡人献演藏戏。这个时间应该从藏历七月十六日以后才开始。觉木隆藏戏队可以去拉萨城区以外的地方演出，只要有人来邀请。江嘎尔、迥巴、香巴三个藏戏团先回日喀则，参加扎什伦布寺的"什莫钦波"活动，给班禅大师和堪厅僧俗官员献演藏戏。然后回到各自的家乡汇报演出。扎西雪巴还要到拉萨西郊冬嘎和功德林寺各演出一天，然后回山南给扎西曲德寺，以及家乡的僧俗群众演戏。

雪顿节期间藏戏演出从寺庙开始，无论是拉萨，还是其他地方，首先为寺庙喇嘛演出。除了欣赏藏戏精湛的艺术以外，各地民众把每年参加拉萨雪顿献演的藏戏队，当作"吉祥之兆"。

｜参加雪顿节的藏戏团｜

以前，"哲蚌雪顿"期间，来自西藏地方的藏戏团在哲蚌寺展出的巨大佛像前献演藏戏是敬拜佛像的一种方式，也是藏戏团朝拜佛的仪式，期望佛保佑藏戏团平安吉祥。佛像前的藏戏献演是片段的，具有仪式性质。

后来的雪顿节，在哲蚌寺展出佛像前的藏戏献演仍然保留，藏戏队已经没有先前那么多，时间也没有那么长。献演完藏戏，就径直到罗布林卡为广大民众演出。

参加雪顿节演出的藏戏主要分为白面具藏戏和蓝面具藏戏。

白面具藏戏

白面具藏戏，藏语称为"拉姆拔嘎布"，汉语译为"仙女白面具戏"。白面具藏戏据说是汤东杰布为建造铁索桥募捐组织"仙女七姐妹"演出得以形成。白面具藏戏起源没有明确的时间。

公元 6 世纪以后，西藏"鲁"体民歌被上层社会吸收引进宫廷，本教"摇鼓作声"拟兽面具舞蹈与民间歌舞结合，产生了由人戴白山

｜白面具｜

羊皮面具的艺术表演形式。文成公主进藏以后，汉族乐舞进入宫廷表演，与藏族民间舞蹈艺术结合。

公元8世纪，桑耶寺落成典礼时，莲花生大师将佛教教义、本教祈神仪式与民间舞蹈结合，创建了"羌姆"舞蹈。

公元11世纪，藏族"卓"地出现具有戏剧形式的舞蹈表演。

公元15世纪，汤东杰布为募集建桥资金，开始将藏族歌舞、说唱和宗教艺术结合起来，创建了"拉姆拔嘎布"表演形式。此时的藏戏艺术趋于成熟，并且得到藏族老百姓的喜欢，"拉姆拔嘎布"不断地方化，形成了六个有名的白面具戏班，即琼结宾顿巴、盘纳若捏嘎、雅砻扎西雪巴、尼木·塔荣巴、吞巴·伦珠岗和堆龙朗则娃。

六个白面具藏戏班子被指定为每年参加"哲蚌雪顿"演出的团体。20世纪50年代中期，尼木·塔荣巴和吞巴·伦珠岗两个戏班改演蓝面具戏，剧目也由只演《诺桑法王》扩大到演出《赤美更登》《朗萨雯蚌》《卓娃桑姆》《苏吉尼玛》等多个剧目，但在雪顿节献演时被规定仍然演白面具戏，这就使尼木·塔荣巴和吞巴·伦珠岗形成兼具白、蓝两种面具戏的表演风格。

扎西雪巴

扎西雪巴是白面具戏中影响最大的藏戏剧团。"扎西雪巴"得名于西藏山南五个具有吉祥意义的名称，即扎西雪巴（村名）、扎西妥门（村名）、扎西桑巴（桥名）、扎西孜（县名）和扎西曲登（寺名）。

扎西雪巴

15世纪，扎西雪巴藏戏演出队组建，当时由17人组成，均为男子。五世达赖喇嘛时期雅砻扎西雪巴每年必须前往拉萨参加"哲蚌雪顿"藏戏演出。

西藏和平解放、特别是改革开放后，扎西雪巴得到了继承和发展。1987年组建了由28人组成的演出队，在藏历新年、望果节、迎接贵宾、物资交流会等重大节庆时演出。

扎西雪巴演出以鼓钹伴奏、唱腔、服饰等与西藏其他藏戏不同。在表演过程中，演员均戴白面具。演出保留节目为《诺桑法王》，其唱腔雄浑、沉厚、舒缓。

宾顿巴

宾顿巴是西藏山南琼结藏戏团，属于白面具派藏戏，相传为藏戏中最早的一个剧团，"宾顿巴"藏语是"七兄妹"或"七姊妹"的意思。

宾顿巴距今有六百多年的历史，主要演出剧目为《曲杰诺桑》。该团以独特的唱腔闻名，并且在藏戏演出过程中要表演歌舞《吉祥九重》。宾顿巴的演员均为男

宾顿巴

| 昂仁日吾齐寺 |

性，女性角色也由男性扮演。

宾顿巴的诞生传说与汤东杰布造铁索桥有关。当时汤东杰布为了落实建桥的资金到处募化，感动了一位女神，托梦给他，让他到山南琼结去找"七兄妹"演戏。他们编演了许多故事，募化了很多钱，造了很多铁索桥。宾顿巴还保留了许多古老的

藏戏艺术，开场角色叫"阿若娃"，意为戴白胡子面具的表演者，"甲鲁"所戴帽子是藏族早期"阿卓"，即古鼓舞舞队鼓手的"扩尔加"圈帽。"宾顿巴"是雪顿节期间藏戏会演的开场演出。

蓝面具藏戏

蓝面具藏戏，藏语称为"拔温布"，即蓝面具戏。

| 蓝面具 |

蓝面具藏戏由白面具藏戏发展而来。相传为汤东杰布晚年将山南宾顿巴白面具演出形式传回家乡日喀则昂仁迥·日吾齐寺后，逐渐发展形成。蓝面具藏戏剧目，除"八大藏戏"外，还有民间戏班编创和演出的剧目，如《若玛囊》《猎人贡布多吉》等。

昂仁迥巴

迥巴藏戏是蓝面具藏戏的先声。相传藏戏始祖汤东杰布六百多年前在家乡日吾齐的江上修建铁索桥，为此募捐资财，创建了第一个蓝面具藏戏班。迥巴藏戏最早是以演出《顿月顿珠》受到拉萨人的欢迎。他们演出的传统剧目有《赤美更登》《朗萨姑娘》《卓娃桑姆》。

迥巴藏戏，流传于西藏的昂仁、定日、拉孜和四川的甘孜等县。迥巴藏戏诞生早，却很晚才开始参加雪顿节藏戏演出。据说开始他们每年只去日喀则给班禅大师演出。十三世达赖喇嘛时期，迥巴藏戏参加雪顿节演出才被拉萨观众熟悉。

迥巴藏戏在吸收当地传统民间艺术营养的基础上，形成了自己独有的风格，迥巴藏戏中穿插六弦琴弹唱、舞蹈和酒歌，都是当地流行

| 迥巴 |

的民间文化。

　　昂仁县日吾齐乡迥巴藏戏班，由于历史的原因中断演出20余年，1980年，迥巴藏戏重新建立了演出队。日吾齐乡因迥巴藏戏而被国家文化部命名为"全国民间艺术之乡"。

仁布江嘎尔

　　江嘎尔戏班位于雅鲁藏布江中游河谷盆地。江嘎尔藏戏剧团相传创建于八世达赖喇嘛时期，因产生和流传于现今日喀则仁布县仁布乡江嘎尔却宗村而得名。江嘎尔山沟有妥波寺和江嘎群宗寺。妥波寺内喇嘛擅长唱《喇嘛玛尼》；江嘎群宗寺，寺庙规定十户喇嘛，每户出二人支藏戏差，家族代代传承。

　　却宗村从外观看是一个普通的村子，但又仿佛是一座佛教寺院，这里的人们除了从事农业生产，还从事宗

教活动。这里的男人除了表演藏戏，平时还带着唐卡画，到城镇和农村进行《喇嘛玛尼》说唱活动。该戏班最拿手的是传统剧目《曲杰诺桑》《阿佳朗萨》《文成公主与尼泊尔公主》等，江嘎尔唱

腔高亢浑厚，古朴粗犷，演出时严格按照"脚本"。

江嘎尔藏戏团每年参加拉萨雪顿节会演后，回日喀则要在扎什伦布寺为班禅大师演出。藏历八月二日要赶回仁布到强钦寺演出。在夏天，它还要分别给"噶厦托子"（噶伦过林卡）、"仲果也节"（七品官以上过林卡）、"孜仲也节"（僧官过林卡）演两三天戏。江嘎尔藏戏，在日喀则、江孜、

仁布和白朗等地区较为流行。

南木林香巴

香巴藏戏创立者为扎西直巴，他出生于南木林县多角乡扎木村，是五世达赖喇嘛时期的贵族，后来当过噶伦。第八世、九世班禅大师对香巴藏戏很重视，把藏戏推广到多角乡、秋木乡、卡孜乡、艾玛乡、南木林镇等地。

以前香巴藏戏不需要到拉萨交税，也不用到拉萨雪顿节上表演。有一年昂仁琼巴藏戏演员前往拉萨参加雪顿节演出，途中，乘坐的牛皮船翻进雅鲁藏布江，很多演员遇难了，剩下少数日吾齐艺人，就到南木林找了一些香巴艺人去拉萨会演，被称作"香·日吾齐"。香巴藏戏参加拉萨雪顿节的演出很成功，此后香巴藏戏影响越来越大，将《文成公主与

| 香巴 |

尼泊尔公主》《赤美更登》确定为雪顿节期间到拉萨轮换演出的剧目。

20世纪80年代后期，西藏各级人民政府重视民间艺术的保护和开发，香巴藏戏重新组织、招集演员，组建香巴藏戏团。1987年和1988年，在南木林县委宣传部的协调下，连续两年参加了拉萨雪顿节，香巴藏戏唱腔高亢嘹亮，粗犷豪放，表演入神细腻，具有朴实的表演形式和极其浓郁的乡村传统文化风格，深受广大观众的喜爱。

香巴藏戏于2006年6月被列入首批国家级非物质文化遗产，南木林县多角乡被确定为香巴藏戏艺术之乡。

拉萨觉木隆

觉木隆戏班在拉萨河谷，这里很早就是西藏政治、经济、文化的中心，觉木隆藏戏的艺术形式丰富成熟，男女演员分别扮演角色，善作世俗戏剧表演。觉木隆藏

| 功德林寺 |

戏团是 1949 年以前西藏地方政府唯一的带有专业性的剧团，归西藏地方政府"孜恰列空"和功德林寺共同管理，但无薪俸。除参加雪顿节会演可得赏银和食物外，其他时间则到西藏各地卖艺乞讨度日。剧团内有觉木隆村人，也有各地来的支差者。

觉木隆藏戏分布、影响的地区很广。像江嘎尔剧团演出《朗萨雯蚌》和《文成公主》时，许多唱腔都是直接学用觉木隆，其他一些独具风格的剧团也有这样的情况。拉萨、山南地区的藏戏团体，多数属于觉木隆派系。

觉木隆藏戏队不断发展，2006 年入选国家级非物质文化遗产名录，得到政府以及社会各方面的保护和普遍好评。

八大藏戏

| 雪顿节献演的八大藏戏 |

雪顿节期间，上演的藏戏传统剧目为八大经典：《诺桑法王》《卓娃桑姆》《文成公主》《朗萨雯蚌》《白玛文巴》《顿月顿珠》《赤美更登》《苏吉尼玛》。八大藏戏剧目的音乐唱腔韵味隽永，面具服饰五彩缤纷，内容涉及藏族民众生活的诸多方面，较为典型的包括历史故事、藏族民众的爱情生活、宗教信仰和汉藏文化交流，是藏族人认识社会、理解生活、相互沟通的文化读本。

| 开幕式演出 |

《诺桑法王》

是藏戏最古老、传演最广泛的传统剧目，为蓝面具戏、白面具戏主要上演剧目。剧目的故事源自《甘珠尔·百世如意藤》六十四品"诺桑明言"。17世纪末至18世纪初，后藏僧官定钦·次仁旺堆根据前人和民间戏班演出的诺桑故事重新创作了较为通俗、适于演出的剧本《诺桑法王》。故事梗概如下：

很久以前，南国日登巴和北国额登巴毗邻，两国领地疆域与物产人口相差无几，大家过着幸福安宁的日子。而自南国新国王夏巴熏奴当政后，开始国力不济、民不聊生。一天，他召集大臣，询问个中原因。有说北国国王诺钦和王子诺桑仁慈，深得民心；有说国王夏巴熏奴有许多缺点。一位大臣说："国运衰微是由于我国的财运神龙迁居到北国的'白玛朗措'去了，现在，唯一的办法是请几位神通的巫师作法，把神龙拘回我国。"国王听了，立即派人连夜到深山里去请会施黑巫术的珠那喀曾的巫师。法师带了徒众和作法的什物，偷偷前往北国白玛朗措，作法拘龙。

这时候，龙神变成小孩，向住在湖边名叫邦列金巴的猎人求救。猎人答应相助。四月十五日月亮上升时，南国巫师来到湖边，在湖的四方八面插下铁柱子，拴上铁丝网，在湖内放各种毒物和血污秽水，口念咒语。湖水即刻沸腾翻滚，臭气冲天。无法存身的龙神冒出水面和巫师苦战，龙神心力不支。这时，猎人赶到湖边，抓住巫师的锁骨，命他撤除法术、铁柱和铁丝网，让龙神返回湖中。

龙神为了感谢猎人，送给他"桑木派"的如意宝物。猎人为弄清"桑木派"的功用，找隐士打听时，发现隐士住处后边有个仙湖，正逢乾达婆天界仙女七姐妹在此沐浴，猎人想捉住仙女中的云卓拉姆，隐士告诉他需要龙宫里的捆仙索。猎人从龙宫里拿来捆仙索，捉住了云卓拉姆。他想娶云卓为妻，隐士告诉猎人与仙女不能成婚，劝他将云卓拉姆献给北国王子诺桑。

猎人将仙女云卓拉姆献给王子诺桑，诺桑十分高兴。在宫内大摆筵席，与大臣百

| 汤东杰布画像 |

姓共同庆贺。这时，天上出现五色祥云，空中传来美妙音乐，又落下如雨如霞的花朵。诺桑心中欢喜，封仙女云卓拉姆做了王子妃，并重谢猎人。王子诺桑自从娶了仙女云卓拉姆以后，冷落了过去的五百嫔妃。

谁知他们的恩爱引起了五百嫔妃的嫉妒，在王子跟前挑唆云卓拉姆来路不明，散布谣言说云卓拉姆如何丑陋和残酷。挑唆无果，妃子顿珠白姆请求老国王的巫师哈日那波作法镇压。从此，老国王天天做恶梦，醒来以后，召集众大臣前来圆梦。巫师哈日那波口中念念有词说："北方荒原上居住着势力强大的墨官野人部族，现在他们起兵造反了，假若不派精兵前去攻打，明年就会

国破身亡。"老国王诺钦一听，信以为真。老国王命令王子诺桑率领精兵远征，王子诺桑离开云卓拉姆。

老国王诺钦又一连做了几夜恶梦，梦见诺桑骑的马往北方荒原去后，忽然来了很多兵，包围了王宫，把自己捆走了，于是又请巫师哈日那波来占卦。巫师说解除灾难需要："一百二十斤糌粑、三十斤青稞、十腔肥羊、十坨酥油，以及五色彩布、彩幡、彩旗、牛皮、弓箭、三脚铁鼎，除此之外，还特别需要一颗半仙之体的心肝。"国王说："其他一切祭物可以立即办到，那半仙之体的心肝叫我到哪里去找寻？"巫师说："云卓拉姆不正是乾达婆的女儿？不是半仙之体是什么？只要把她

的心肝取来祭神，定然会逢凶化吉、遇难成祥的。"国王把这件事交给巫师和五百后妃去办。

巫师接到命令，带领一批军队和五百后妃捉住云卓拉姆，危难之间，王后将诺桑临走时留下的珍珠项链，交给云卓拉姆，云卓拉姆接过项链，扯下一半给母亲。然后，她挂上半串项链，腾空而起，往西飞去。

云卓拉姆飞到当初洗澡的镜湖旁格乌日楚山洞，把自己不幸的遭遇告诉了年长的隐士，留下翡翠指环交代通往家乡的路，让隐士转告日后来寻找自己的丈夫。

王子诺桑率领人马，赶到野人国边境，野人国国王上前迎接诺桑。诺桑一看，根本就没有战争。在回家的路上，诺桑从乌鸦那里得知云卓拉姆发生不幸，连忙写了一封书信，缚在乌鸦脚上，请它送回王宫。

老国王诺钦看到乌鸦捎来诺桑的家书。知道诺桑马上回来，吩咐身边大臣和妃子不准乱讲。当诺桑回到都城郊外时，王后率领五百嫔妃到郊外山口迎接。诺桑见到母后，不见云卓拉姆，五百嫔妃说云卓拉姆到天宫看望父母去了。

国王诺钦率领文武百官在宫门口迎接英雄归来，诺桑问云卓拉姆到哪里去了，国王告诉儿子她到天宫省亲去了！诺桑决定立刻去找妻子，王后把云卓拉姆的遭遇告诉了他，把半串项链也给了他。

诺桑走出王宫，顺着

河水，爬上山头，在苍茫的雾中，他想，"云卓拉姆是格乌日楚山洞的隐士指引来的，那隐士既然能知道我和她有缘分，一定知道她的去处，我去找他吧！"于是诺桑前往格乌日楚山洞，得到了隐士的帮助。

诺桑王子经过千难万险到达乾达婆的天宫。

诺桑走到水井边，在打水姑娘的水桶里悄悄放入戒指让云卓知道自己来了。此事被云卓拉姆的父亲马头明王知道了，他只让诺桑与云卓拉姆隔着帷幕见面。诺桑一见云卓拉姆，撩开帷幕抱着云卓拉姆要求把她接回人间结婚，马头明王提出通过比试谁胜谁娶。比射箭，诺桑射穿三株白杨；比抛彩箭，诺桑的彩箭飞落到云卓拉姆怀中。

诺桑带着云卓拉姆重回王宫。老国王诺钦又是伤心，又是惭愧，又是高兴。为他们平安归来庆祝了七天七夜。那五百嫔妃和巫师哈日那波受到了应有的惩罚。

不久，老国王把王位传给诺桑，云卓拉姆做了王后，从此以后，北国额登巴的人民过上了幸福、美满、愉快的生活。[据赤烈向扎、蔡贤盛藏译汉剧本《诺桑王传》和王尧著《藏戏故事集》改写。]

《卓娃桑姆》

是17世纪中晚期门巴族高僧梅惹·洛珠嘉措根据门巴族历史传说和藏族民间故事《姐弟俩》创作而成。故事梗概如下：

在曼扎岗，国王格勒旺

布的妃子哈江堆姆，是个狠毒的魔女。国王格勒旺布和曼扎岗的大臣上山狩猎，把猎狗甲查巴西弄丢了。大臣直南增寻找时，发现东方黑森林中间的平坝子上有幢房子，直南增禀报给国王。国王和大臣等人到屋子里没有找到猎狗，却在一间房子里见到仙女卓娃桑姆，国王看上了她，要姑娘做他的妃子。

国王走后，卓娃桑姆心里不愿意，却怕父母遭殃，就答应下来。三天以后，国王如约把卓娃桑姆迎进王宫。卓娃桑姆劝国王信佛，国王答应了。

卓娃桑姆在宫里坐关修行。不久，生下公主，名叫滚多桑姆，生下王子，名叫滚多列巴。

国王格勒旺布以前的妃

| 藏戏演出现场 |

子哈江堆姆，在楼顶上发现卓娃桑姆母子三人，心中燃起嫉火，发誓要吃掉卓娃桑姆母子三人。

卓娃桑姆早有觉察，把两个孩子安顿好后，飞到天上去了。

国王知道卓娃桑姆走了，就和王子、公主在卓玛拉康做祷告。

哈江堆姆召集众大臣，决定除掉卓娃桑姆的两个孩子。奸臣们哄骗国王喝了毒药，把他关进黑牢，篡夺了国政。

哈江堆姆装病，说卓娃桑姆留下的两个孩子作祟所致，让大臣们杀卓娃桑姆的孩子。大臣们要屠夫把王子和公主杀掉，把两颗心取来。

然而两个屠夫被孩子的话感动，就把王宫后门口的

小狗杀了，拿狗心给哈江堆姆吃，骗过哈江堆姆。不久，王子和公主没死的事情被哈江堆姆知道，她让大臣们找来渔夫，让渔夫把两姐弟扔下湖。两姐弟向渔夫哭诉求情，渔夫听了心中感动，放了姐弟俩，让他们逃到东方萨布龙。

哈江堆姆又在王宫屋顶看见姐弟的身影，便派众大臣骑马追赶，诱骗姐弟回去后，将姐弟俩交给猎人让他把姐弟俩背到山头上摔死。当猎人把王子抱起，准备从悬崖上扔下去时，卓娃桑姆变作巨鹰，从底下用翅膀托住了王子。王子后来做了白玛金的国王。

猎人把公主放了以后，劝公主越过大山到白玛金国。这时候，做了白玛金国

国王的王子，大放布施，敬奉三宝，公主随同别的乞丐一同到王宫求布施，在王宫里被王子认出来，姐弟终于相逢，两人留在白玛金国过上了幸福安乐的生活。

哈江堆姆知道两姐弟在白玛金国，便派军队攻打。王子率领军队迎敌，两军对阵时，王子对准哈江堆姆的心窝，扯满弓，一箭射去，杀死了哈江堆姆。

王子带人回到曼扎岗，打开牢狱把国王格勒旺布放出来，把帮助过自己的渔夫、屠夫和猎人找来封为大臣，格勒旺布仍然做曼扎岗的国王，而王子也回到白玛金做国王去了。

《苏吉尼玛》

作者是 17 世纪中晚期门巴族高僧梅惹·洛珠嘉措。

故事梗概如下：

很早以前，有个国家叫参姆吉洛卓。国中有一片森林，密林深处，住着一位隐士。隐士清洗白色披巾，披巾上的污垢顺水流去，被

| 藏戏演出现场 |

母鹿喝了，母鹿随后怀孕。母鹿每天在隐士住处附近转悠，隐士便照顾它。十个月后，母鹿生下美丽的姑娘。隐士把她抚养在身边，取名叫苏吉尼玛。

参姆吉洛卓国的国王，名叫达娃待本，王后是拉玉白姆，他们生有两个王子，大王子名叫达娃森格，小王子叫达娃洛卓。

国王达娃待本征得群臣意见，把王位传给大王子达娃森格。达娃森格继承王位后，按照老国王的吩咐供养他们崇奉的外道祖师，请外道神主降神。

在回来的路上，他们遇见妖艳的姑娘，国王达娃森格被女子迷住，不听大臣劝阻，把妖艳的女子带回宫。自此以后，宫内不得安宁。

通灵的鹦鹉劝说国王远离魔鬼变成的妖女，可是国王迷恋女色，不听忠言。

一天，猎人走进花园，看见一群野猪在园中糟蹋花木，就手持弓箭追赶。半路上遇见一只香獐子，猎人放弃野猪，转过来追香獐子。追了好久，又遇见一只麇鹿，猎人放弃香獐子，紧紧追赶麇鹿。眼看要追上，立刻拉满弓射中了麇鹿。受伤的麇鹿没有倒下，猎人紧追不舍地跟进森林。眼看天色已晚，就把自己缚在树上睡了一觉。

第二天他走到池塘边看见一位美若天仙的姑娘，便上前询问回家的路。姑娘给他一把吉祥草，叫他一路撒一路走就会到家。猎人撒着吉祥草，回到宫中。猎人用打谜语的方式说出见到美丽姑娘的事。国王随后跟猎人来到湖边见到了姑娘。国王向姑娘求婚，姑娘不允。国王和猎人顺着她的足迹追去，追到一座修行人的茅棚里，一位道行高深的隐士正在苦心修炼。国王连忙跪倒叩头，把自己的来意说了，请求隐士帮助。隐士说娶她不难，只要能够皈依佛法就能如愿。国王大喜，答应用五百两金子供养隐士，并皈依佛法。

姑娘叫苏吉尼玛，隐士把她叫到一边，交给她一串能辟邪镇妖的珍珠项链，让她不要告诉任何人，这样才能终身幸福。国王达娃森格带着苏吉尼玛回到王宫，封她为王后。

苏吉尼玛为人忠厚，心地善良，赢得臣民的爱戴。

国王原有的妃子找来精通巫术的舞女亚玛更迪，让她惩治苏吉尼玛。

国王让亚玛更迪侍候苏吉尼玛，她在苏吉尼玛住处撒下邪咒符纸和各种毒药，苏吉尼玛和往常一样健康。亚玛更迪哄骗苏吉尼玛说出了其中的秘密，然后偷偷地用自己带来的假珠链换了苏吉尼玛的项链，用迷魂药把苏吉尼玛迷昏，将人血糊在苏吉尼玛脸上、嘴上。国王达娃森格进房看见血肉狼藉的景象怒火中烧，举起宝剑正要砍去。忽然，一只鹦鹉飞进来阻止国王杀苏吉尼玛。

亚玛更迪又偷偷地把国王心爱的大象的鼻子割下来放在苏吉尼玛的枕旁，在她的脸上、手上和嘴上抹些鲜血，偷偷地溜走了。国王见了又要杀苏吉尼玛，鹦鹉又及时讲了故事，国王再一次放过苏吉尼玛。

亚玛更迪又将国王的弟弟达娃洛卓杀死，把他的心脏放在苏吉尼玛枕旁，在她的脸上、嘴上和手上涂满鲜血，悄悄地溜走了。国王达娃森格看到心爱的兄弟被苏吉尼玛杀死吃掉时，再也忍耐不住，正要拔剑杀她时，鹦鹉又飞来讲情，国王再也不听，鹦鹉说："你不相信可以，杀了我会喷出白血。"国王一剑砍下，鹦鹉的脖子里果然冒出白血。国土不禁愣住了，就把苏吉尼玛交给三个屠夫，让他们把她送到沸血海去受苦。

在送苏吉尼玛往沸血海的路上，两个屠夫溜走了，

| 藏戏演出现场

50

只有那个老屠夫送苏吉尼玛来到沸血海，把她扔进污秽熏天、血水沸腾的沸血海中。

苏吉尼玛在沸血海中身受各种痛苦，其精诚感动了以豺、狼、虎、豹为首的护法众神，使她脱离了沸血海。苏吉尼玛于是化装成尼姑，一路讲经说法。

国王达娃森格自从赶走苏吉尼玛以后，年年荒旱，山崩地裂，听说来了位道行高深的女尼，就同猎人以及大臣阿布纳格化装前去听她讲道。谁知那妖妃以及女巫亚玛更迪因自己罪孽深重，请求女尼清洗自己的罪恶，国王等人看见妖妃和亚玛更迪跪在女尼座前忏悔，他们就躲在一旁，只见她们二人一五一十地把从前如何定计，如何下手，如何偷换珍珠项链，如何杀死小王子的事全部说出来了。苏吉尼玛听了泪流满面，泣不成声。这时候，听闻全部真相的国王达娃森格，拔出宝剑要把她们杀死。苏吉尼玛把国王挡住，劝其不要杀她们。国王见女尼是苏吉尼玛，便恳求她重回王宫，继续做王后，苏吉尼玛后来生了一个太子，取名叫尼玛森格。从此，人畜兴旺，人民过着幸福的生活。

《文成公主》

原名《甲莎白莎》，即《文成公主与尼泊尔公主》。《文成公主》是根据历史资料和民间传说综合编创而成。14世纪文成公主传说被采录进《西藏王统记》，17世纪出现说唱故事本《松赞干布迎娶文成公主和尼泊尔公主记》，故事的主要部分是聘娶文成公主始末，故事梗概如下：

吐蕃赞普（藏王）松赞干布十六岁执掌国政，爱慕大唐文化，派噶尔为请婚特使，前去长安求婚。

藏历火猴年四月初八，噶尔辞别藏王，经过数月来到唐都长安。这时，邻国求婚使臣早已来到这里，印度佛国使臣住在东门，霍尔强国使臣住在北门，波斯财国使臣住在西门，格萨尔军国使臣住在南门。吐蕃使臣无处安歇，临时被安置到东北城角一家妇女开的客店里。

各国求婚使臣为讨好唐朝皇帝，拿出大量稀世宝物作为礼品，很快见到了皇帝，并受到热情款待。而吐蕃使臣噶尔求见，却遭到拒绝，

让他继续在原地等候。

等到第七天早上，唐皇出宫，机灵的噶尔见到皇帝，请求把公主嫁给藏王松赞干布。

唐太宗不便当面拒绝，让噶尔拿藏王亲笔回书。噶尔想到临走时藏王交给他的亲笔信，就双手呈上。信上回答了唐皇要的十善王法、建造庙宇和吐蕃富裕的三个问题。皇帝很满意，答应求婚的事可以考虑。

唐皇回到宫中，与皇后、太子、公主聚在一起商议，决定用"比试智慧"的方法考察婚使。

第二天，唐皇召集各国使臣宣布："我对各位婚使，都是一视同仁，并无半点亲疏之分，大家都来比试智慧，谁家全部取胜，就把公主嫁

给他们的国王。"说完，唐皇拿出一块晶莹碧透的松耳石。腰段和下部钻有两个小孔，孔道有针眼那么细，而且弯弯曲曲。然后又抽出一根红丝线，对众使臣说："谁能把丝线穿进宝石的孔道，谁就算胜利。"噶尔从地上抓起蚂蚁，将丝线一端拴在它的腰间，把蚂蚁放到宝石孔道上，轻轻一吹，蚂蚁就顺风拖着丝线慢慢穿过孔道。首轮比赛噶尔获胜。

唐皇又让卫士将五百只羊分给五国使臣，让他们在一天之内把肉吃完，将羊皮鞣成皮革。噶尔让自己的骑士每人杀一只羊，将肉煮熟后切成小块，然后让大家围成一个圆圈，蘸着盐吃肉。吃肉的时候，前面的人把羊皮鞣七下，再传给后面的人，以此类推，不到太阳落山，肉吃完了，羊皮也鞣绵了，噶尔又胜了第二轮。

接下来是第三轮比赛。唐皇说："我给你们母鸡和小鸡各一百只，谁能分出它们的母子关系，谁就算胜利。"噶尔叫卫士取来酒糟均匀地撒在地上，很快，母鸡和小鸡一对一对地在一起啄食。母子关系被噶尔分辨得一清二楚。

第四轮开始了。"你们谁能分出这些木头的根部和梢头，谁就算胜利。"噶尔将木头扔进湖里。只见木头一头沉入水中，另一头却浮在上面。噶尔指着木头说："下沉的是树根，上浮的是树梢。"

唐皇又命人牵来一百匹母马和一百匹小马，让将马

的母子关系找出来。噶尔把小马都拴在马棚中，不让小马见母马的面，一夜不给草料，不给喝水。第二天一清早，他把小马们放到一群母马面前，这些小马个个饥渴难熬，各自找自己的母亲去吃奶。这样，就把它们的母子关系找出来了。

后来，唐皇召集各国使臣进宫，看到天色已晚，噶尔就叫随从在去皇宫的路上暗暗做了许多标记。到皇宫后，皇帝与他们对饮到深夜。这时，唐皇宣布："各位使臣，现在请你们马上回去，谁先到达自己的住所，谁就算胜利。"噶尔沿着手下所做的标记，最先找到了住所，噶尔又获得了胜利。

最后，唐王让各国大臣从三百名美女中找出公主。

噶尔记得女店主曾告诉他公主肤色白里透红，全身散发着诱人的芬芳，玉蝶、金蜂常常盘旋身边。最主要的是她的眉心有一颗丹色的度母痣。店主告诫他，认出公主后，千万不要用手去拉。于是，噶尔又毫不费力地认出了公主。鉴于噶尔的突出表现，唐皇兑现承诺，决定将文成公主嫁给松赞干布。公主带着唐皇赐给的粮食种子、文书典籍、佛经佛像和各种生产工具向吐蕃出发。

公主到了拉萨，与松赞干布举行了隆重的婚礼。

《朗萨雯蚌》

"朗萨雯蚌"藏语意思为闪耀着十万光芒的朗萨姑娘。故事概述如下：

在西藏江孜一个叫江派库的村庄，有个男人名叫贡桑德钦，他的妻子名叫娘擦赛准。有一天妻子做了一个奇怪的梦，梦见天地闪金辉，光芒万道射入怀里。不久，妻子怀孕，生下女儿，取名朗萨雯蚌，意思就是"十万霞光"。

姑娘长得美丽，性情和顺，她家的日子越来越富足。

朗萨姑娘长到十五岁的时候，名气已经传遍了西藏，求亲的人来自四面八方。这地方的山官查钦巴想给儿子查巴桑珠娶媳妇，在江孜"乃尼仁珠"庙会，查钦巴看见了朗萨姑娘，让侍从把朗萨姑娘抓来，说出想要聘娶朗萨做儿媳的打算。

朗萨听罢，立即婉言谢绝。山官早已把准备好的五彩箭插在朗萨的颈后。这样一来，朗萨就属于山官查钦

| 藏戏演出现场 |

巴家里的人了。朗萨的父母只好答应。

朗萨嫁到山官家里七年后，生了一个儿子，名叫拉乌达波。山官打算把六十四个库房的钥匙交给她掌管。谁知道，这事惹恼了小姑阿纳尼姆。

一天下午，两个化缘的云游僧人来到，她大着胆子给僧人布施了一些青稞。小

姑尼姆眼见朗萨竟敢做主施舍，便劈头盖脸把她痛打一顿，最后还按住朗萨，拔下一撮头发跑回家。

阿纳尼姆说朗萨是个败家精，把青稞送给叫化子的喇嘛；说朗萨看喇嘛年轻、漂亮，假借布施和他们勾勾搭搭，败坏门风。

查巴桑珠被尼姆挑拨得怒火中烧，他把朗萨一顿毒

打。浑身是伤的朗萨，躺在床上，既委屈又伤心。附近寺院的高僧知道朗萨姑娘有难，便化装成一个耍猴的青年，走出寺院去点化朗萨。

山官查钦巴听见朗萨房子里有男女讲话，女的声音是朗萨，从窗户缝往里看，只见朗萨正把首饰给一个不相识的美貌青年。一怒之下，他跳进房去。那青年人和猴子不知去向。山官不容分说，抓住朗萨的头发，又打又骂，当天夜里朗萨就断了气。

朗萨死了，丈夫心中十分悔恨。为了超度亡人，便做佛事，行公德，放布施，并且照法师吩咐：将尸体架在木架上，用白布缠紧，一直送到东山顶上，准备七天以后焚化安葬。

朗萨一缕精魂，来到阴间。朗萨对阎王说："我在世间的时候，知道生的末尾是死，不敢贪恋人生。"

阎王查对生死簿子，发现朗萨一生白石子多，黑石子只一两颗，平生没做恶事。于是对她说：

"碰见好人，我领他走上善路，那时候我的名字叫慈悲观世音；碰见坏人，我把他打进地狱，那时候我的名字叫作死神。你是一位善人，不能在此逗留，赶快还阳去吧！"

朗萨从阴间还阳回来，自己坐了起来，盘膝打坐唱起来："东方金刚仙女，全身洁白得像海螺一样，右手拿着小鼓卜卜响，左手执着串铃叮叮当……"

看守尸体的人听见有人唱歌，走近一看，只见朗萨盘膝打坐,身披白布,口中念念有词。朗萨告诉大家说:"你们不要害怕,我不是走尸,我是还阳来的。"人们忙着向她磕头行礼,又让人回去报信。

全家闻讯喜出望外,立即奔往东山。路上,山官一伙人就看见山顶上七彩交织,形成一道弯拱的彩虹,及至近前,只见朗萨盘腿端坐在霞光之中,纷纷扬扬的花雨从天而降,洒满了朗萨全身。

山官父子表示要回心向善,她就答应了大家的请求。朗萨带着儿子返回江派库村,探望父母去了。

离家七年之后,再次回到故乡,朗萨看到父母衰老,幼时的女伴拖儿带女失去风采。不禁触景伤情,感慨人生的短促。为了追求心灵的

寄托与宁静,朗萨毅然投奔结布雅聋寺。寺内高僧遂收她为比丘尼。

朗萨出家为尼的消息很快传到山官查钦巴的耳朵里。他勃然大怒,立即调集数百名壮丁,手持刀枪棍棒,连夜把结布雅聋寺围了个水泄不通。

山官等数百人众,正欲冲进寺去,忽见寺内华光万道,释伽降村身披宝光袈裟,端坐在七宝莲花之上,从寺内冉冉升上天空,与此同时,朗萨也飞上天成了菩萨。

后来山官查钦巴父子也信仰了佛教。儿子拉乌达波,在掌管家务、政务期间,修行十善,摒弃十恶,人人安乐幸福。

《白玛文巴》

相传为17世纪中晚期

门巴族高僧梅惹·洛珠嘉措所作。故事梗概如下：

从前，有个国王名叫目迪杰布，意思是"珍珠大王"。他有个大臣，外号叫岗角彭杰，意为跛子大臣。国王欲将富商诺桑除掉，就命令诺桑到海上找来"管多蚌觉"。

诺桑回禀国王自己年老力衰，请求换人。目迪杰布十分恼怒，诺桑只好答应下海取宝。

他坐上马头大船，来到龙宫大门，被两条毒龙掀翻大船，所有人都淹死了。

目迪杰布国王听说诺桑已经死了，认为可以过安稳日子了。

商人诺桑动身下海的时候，他的妻子腹中已怀有身孕，后来孩子生下来，取名叫白玛文巴，并被放在密屋

| 藏戏演员

里抚养。

过了一些日子，孩子大了，能出门玩耍了。不管玩什么玩意儿，他总是赢。其他孩子气极了，就嘲笑他："你爸爸是檀香的树木，你自己却是黄毛小草。"这使孩子心中更加难过，回家问妈妈，妈妈不敢对他说。

在哈香山市场上，白马文巴赢了老奶奶的贝壳。已经是小伙子的他向老奶奶赔礼，并还回贝壳，同时请她告诉他关于父母亲的实情。

老太太对孩子说："白玛文巴，我告诉你，诺桑就是你的父名，他是做买卖的商人，目迪杰布害死了他。"

母亲得知孩子已知道父亲的事情，就把他关到房里，再也不让他出来。

再说目迪杰布国王，一天到市场上去闲逛，见到老太太手中的毛线，得知商人诺桑有了儿子，连忙下令，让跛子大臣去抓白玛文巴。

大臣威胁白玛文巴的母亲交出孩子，白玛文巴怕伤害母亲，就站了出来。大臣把白玛文巴带进王宫，国王让他继续到海上寻找"管多蚌觉"。

白玛文巴早有准备，回家与母亲告别。母亲到格萨尔王神塔下求神保佑。这时，从东方山头下来一群空行母，告诉她："白玛文巴去海上，将来还能回家来。送给你一句密咒：'奈玛布达奈玛古如扎'，你要常念诵于心头，才能不受损伤。"

她从神塔回来，把这话告诉了儿子，让他把咒语牢记在心。七天很快地过去了，小伙子来到国王那里，偕同五百名助手，往大海进发。

到了龙宫大门，黑白两条毒龙又掀翻了大船。白玛文巴口念咒语海面波浪平息。他入海底龙宫取宝。龙宫里有位白螺龙女，执掌着"管多蚌觉"宝物，她见到小伙子单身来到龙宫，十分钦佩。白玛文巴在龙宫住了三天。龙子龙孙敬佩白玛文巴，把"管多蚌觉"宝物送给了他。

白玛文巴带着宝物往回走，在海岛上遇到五百名助手。凭借宝物的神通，一转眼工夫，他回到了母亲身边。

母亲思念儿子，愁苦成疾，白玛文巴将"管多蚌觉"放在母亲头顶，祝祷了一遍空行母的咒语，母亲恢复了过去的容貌。

这时候，国王知道白玛文巴回来了，又惊又怕，又气又恼。但白玛文巴还是把"管多蚌觉"献给了国王。

国王却又生恶念，他把白玛文巴派到西方罗刹国去取宝。白玛文没法违抗，只好照办。他独自去西方罗刹国，把关的罗刹吼道："啊哟哟，好像来了生人，三年没吃人肉了，今天可要饱餐一顿！"

罗刹把白玛文巴搜了出来，一口就吞进肚子里。白玛文巴连忙念诵了一遍空行母的咒语，得救了。

第二天白玛文巴来到罗刹女王住处。罗刹女王把白玛文巴搜了出来，吞进腹中。白玛文巴又念咒语，拿到了罗刹女王的宝物，自己坐在金锅里，用银匙一敲，金锅便凌空而起，飞回卓玛拉康。

跛子大臣跟前几次一样，又把白玛文巴领来，国王劈头就问，二宝在哪里？白玛文巴不慌不忙地把金锅、银匙送上，并夸赞了一番。

国王一听，就逼着白玛文巴领他一道去耍。二人一同进了金锅，小伙子把银匙一敲，国王腾空而起，飞到罗刹女王的地方落下，被众罗刹吃了。

白玛文巴乘金锅飞回王宫，接替了王位。

《顿月顿珠》

又名《顿月顿珠兄弟》，为18世纪五世班禅洛桑益西所作。故事梗概如下：

从前，有一个多巴桑林国，国王巴拉德娃，王后贡桑玛，他们生活美满，却没有孩子，为此他们到处求

神问卜。巫师告诉国王说：在海岛外的高夏洲上住着神龙，假若能虔诚供养，会得到孩子。国王听了十分感谢，连同王妃、大臣一起来到高夏洲神龙住处。在那儿，一连七天，天天敬奉神龙，在第七天夜晚，国王巴拉德娃在睡梦中见到无量光佛化身阿兰若告诉他，不久的将来可以得到两个王子：一个是观世音菩萨的化身，一个是文殊菩萨的化身。国王醒来，又见到了其他各种吉祥兆头，心中越发高兴，就收拾回宫去了。

过了九个月零十天，王后贡桑玛生了一位王子。王宫里大摆酒宴，并且厚赠那位巫师。国王因为自己的心愿都满足了，就把这个王子取名叫作"顿珠"，意思就

是成功、圆满。

顿珠长到五岁，能背出"唵嘛呢叭咪吽"六字真言，大家都感到奇怪。谁知就在这一年，王后贡桑玛突然得病去世，全国上下莫不感到悲痛。

过了一年，国王与一个女子结婚，过了九个月零十天，生下一位王子。国王觉得他来得有道理，就取名叫"顿月"，意思就是"真谛"。顿月王子和哥哥顿珠王子非常友爱。

王妃为了自己的孩子能继承王位，就让国王把大王子顿珠送到边荒地区。顿月舍不得哥哥，兄弟二人一道前往边荒。

国王和王妃发现他们兄弟二人双双出走，便派人四处寻找，却没有找到。

顿珠顿月带来的口粮吃完了，顿珠抱着气息奄奄的顿月，眼泪像泉水一样涌出来。这时候，一只杜鹃、一只夜莺在他们左右飞绕，好像是为他们祝祷。一会儿，顿月闭上了眼睛。

顿珠把弟弟的尸骨背在身上往前走，翻过八座大山，来到一座森林里，山上遍地长着檀香树，河里淌的是牛奶。顿珠把弟弟顿月埋在这里，自己继续往北方走。

顿珠走到大草坝子上隐隐约约听到有人在念经，在山口处的池塘边见到一位喇嘛，一边念经诵咒，一边把"朵玛"（酥油、糌粑制成的塔状物）供撒池中。王子顿珠告诉喇嘛自己的经历，然后拜喇嘛作师傅，在山洞里伺候他。

过了几天，喇嘛看他还是愁眉苦脸，就问他有什么心事？顿珠说想他的弟弟顿月，师徒出发去找寻顿月王子的尸骨。

顿月王子，因为口渴干死，被顿珠王子将他放在檀香树底下。谁知到了夜里，下了一阵大雨，雨水从檀香树上滴下来，滴到顿月的脸上，淌到他的嘴角，慢慢润到他的喉咙里，顿月王子慢慢地苏醒过来，却不知道哥哥顿珠到哪里去了，就四处寻找。

顿珠师徒来到安放顿月尸骨的地方，却找不到他的尸骨，喇嘛告诉他顿月准是被神人救走了，将来有会面的机缘。顿珠相信师傅的话，随着老喇嘛回到山洞里。师傅又让顿珠学点仪轨，因为

很快要到附近国王的王宫里去念经。

一天，顿珠王子下山采办一些用品，在山谷口的平坝上看见许多牧童在玩耍游戏，伙伴们都叫他"属龙的"。

附近有个国家发生瘟疫，闹水灾，死了很多人和牲畜。国王听从巫师的计谋，每年把一个属龙的小伙子扔到湖中祭龙王，换来国家的安康。这一年，又到了祭龙的时刻，可是怎么也找不到一个属龙的男孩子，国王十分焦急，就命令大臣四处查访。得知顿珠属龙，国王连夜派人来抓顿珠。

顿珠怕连累师傅，就跳出来，官兵将顿珠抓进王宫，被公主看见。公主喜欢这个小伙子，就向国王请求让他和自己一起玩。国王对心爱

的公主言听计从，答应了她。

过了七天，要用顿珠祭湖，公主向国王哀求，国王也觉得可惜，但是找不到好的办法，顿珠还是坚持自己去祭湖。

顿珠被投入水中以后，到了一座宫殿门口。这时候，龙王龙母、龙子龙孙看见这次送来的人俊秀、勇敢，感到非常奇怪。就问他的来历，顿珠把自己从出生到受难，兄弟死别，师徒生离，公主的爱情，一一说了。神龙听了同情他的遭遇，就请他住在龙宫里，殷勤招待。顿珠住在龙宫三个月，天天对龙神讲道理，感动了龙神。龙神发誓再也不吃人了。

顿珠被龙王送上岸后，马上去看望师傅，师傅见到顿珠又惊又喜，禁不住昏了过

去。顿珠连忙用檀香水洒到他的脸上，师博才苏醒过来，顿珠把龙宫里带来的珠宝供奉给师傅。

国王见顿珠被扔下湖以后，国内太平，谷物丰收，心中老是觉得对不起喇嘛。便派大臣曲白巴白到山上迎请喇嘛进宫供养。喇嘛把顿珠带在身边，戴上面具。一次不小心，顿珠的面具掉在地下，被公主认出。国王得知顿珠遭遇，决定让公主与顿珠结婚。不久，国王把王位传给顿珠，自己跟着喇嘛学佛去了。

过了两年，顿珠想念弟弟顿月，怎么也放心不下。四处寻找，终于在森林深处找到了顿月弟弟。二人一同回到宫里。兄弟想念父母，就带兵回国去看望父母。国

王巴拉德娃此时的生活非常凄凉，又忽然听说北方国家率领军队前来，他的心中十分惊惶，可是又没有军队可以抵抗，正在焦急，见来到王宫的军队的首领不是别人，正是两个儿子顿珠和顿月，父子三人抱头痛哭。后来，巴拉德娃把王位传给顿月，顿珠仍回去做国王，兄弟二人和睦友爱，直到老死。

《赤美更登》

故事是根据释迦牟尼为其弟子讲的一个故事改写而成的剧本。据艺人相传，大约15世纪下半叶，汤东杰布晚年在家乡迎·日吾齐寺创建蓝面具迥巴戏班时首先编演这个剧目。故事梗概如下：

很久以前，有一个国家叫白岱，国王名叫赛窘扎巴。

他统率着六十个部落，有许多珍奇异宝，特别是"管多蚌觉"。谁掌握"管多蚌觉"，就可以万事如意，可是国王没有孩子。经过占卜，供奉三宝，王妃生了一位王子，王子刚一生下来，嘴里就念"唵嘛呢叭咪吽"。众人感到奇怪，给他取名叫"赤美更登"。

一天，赤美更登王子希望国王散放布施，救济天下穷苦百姓。国王听了，很感动，答应赤美更登的要求，并交给他去办理。

有一个奸臣名叫达日孜跟国王说王子好施舍，要为他娶个姑娘，好管住他。国王觉得有道理，就给王子娶了邻国白玛金的公主门达桑姆。

门达桑姆做了王妃以

后，无微不至地照顾王子，他们恩爱生活，一连生了三位小王子，大的取名叫赉鼎，第二个叫赉贝，老三叫赉则。

这时候，敌国国王名兴池曾布，许下重奖招募人偷窃白岱国国宝"管多蚌觉"。一个老婆罗门答应去偷取这件宝物。

老婆罗门来到白岱国，一副可怜样子博得了王子的同情。王子给他很多财物，但他不接受，说想要"管多蚌觉"。

赤美更登为难了，最后还是把宝物布施给他。

奸臣达日孜听到这个消息，连忙跑到国王跟前挑拨。国王得知赤美更登把"管多蚌觉"布施出去，命令武士用绳子将赤美更登和妃子门达桑姆捆住游街，把赤美更登流放到哈香山。

赤美更登带着门达桑姆和孩子一同前往哈香山，沿途将三个孩子布施给三个婆罗门。他们继续往前走。这时候帝释天和大梵天化装成两个婆罗门到王子面前请求把王妃布施给他们，赤美更登答应了。

帝释天和大梵天钦佩王子的胸襟，将王妃归还给他，隐没到天上去了。

夫妻二人继续往前走，大梵天变为童子照料侍候他们，劝他们不必再去哈香山。王子坚持去。到了哈香山，这里的面貌很快改变了。王子用树叶树枝筑成一所房子，住在里面静心修禅。

王妃想念三个孩子，在一条大河旁边祝祷，祝祷传到弟兄三人的耳中。三人听

了，皆呼喊父母的名字，爬到山峰顶端向北眺望，恰巧有一只夜莺飞过身边，小王子费则祝祷了一番，夜莺飞到哈香山，把三兄弟的祝祷传给赤美更登夫妇。

夫妻听了决意起身回家乡，山上的鸟兽结队送行。夫妻二人往回走，走到一个叫独龙乃的地方遇见一个瞎婆罗门，伸手要王子布施他的眼睛。王子毫不犹豫就把自己的一双眼睛剜出来布施给他，放在他的眼眶里，瞎婆罗门立刻能看清了一切。

国王听到王子布施了眼睛，连忙派大臣达瓦桑布率领人马前去迎接王子回宫。达瓦桑布见王子双目失明，又见王妃泪流满面，心中十分难受。王子默默祈念："为了解除我和王妃门达桑姆的

痛苦，神佛护佑，让我的双目复明吧！"果然，他的两眼又恢复了原状。三人一道往白岱城走来。

路上，经过栖马兴重国，国王兴池曾布出来迎接，归还镇国之宝"管多蚌觉"；

三个婆罗门送来三位小王子，并表示感谢。

当王子赤美更登抵达国门的时候，国王和所有臣民百姓迎接他。后来国王把王位禅让给赤美更登。

图书在版编目（CIP）数据

藏族雪顿节 / 林继富编著. -- 哈尔滨 : 黑龙江少
年儿童出版社，2017.12（2021.8重印）
（记住乡愁 : 留给孩子们的中国民俗文化 / 刘魁立
主编）
ISBN 978-7-5319-5616-7

Ⅰ．①藏… Ⅱ．①林… Ⅲ．①藏族－民族节日－中国
－青少年读物 Ⅳ．①K892.1-49

中国版本图书馆CIP数据核字(2017)第328172号

记住乡愁——留给孩子们的中国民俗文化　　　　　　刘魁立◎主编

藏族雪顿节　ZANGZUXUEDUNJIE　　　　　　　　林继富◎编著

出 版 人：商 亮
项目策划：张立新 刘伟波
项目统筹：华 汉
责任编辑：张小宁
整体设计：文思天纵
责任印制：李 妍 王 刚
出版发行：黑龙江少年儿童出版社
　　　　　（黑龙江省哈尔滨市南岗区宣庆小区8号楼 150090）
网　　址：www.lsbook.com.cn
经　　销：全国新华书店
印　　装：北京一鑫印务有限责任公司
开　　本：787 mm×1092 mm 1/16
印　　张：5
字　　数：50千
书　　号：ISBN 978-7-5319-5616-7
版　　次：2017年12月第1版
印　　次：2021年8月第3次印刷
定　　价：35.00元